Ven a un viaje por el río Amazonas en el Perú y descubre un mundo de delfines rosadas, peces devoradores de hombres y mucho más...

Copyright © 2022 by Arranging Clouds

FIRST EDITION

MI AVENTURA EN EL AMAZONAS

KATHERINE BUCKLEY

Sudamérica
Atlantic Ocean
Amazon
Rainforest
Peru
Pacific Ocean

El año pasado, mi madre y yo nos embarcamos en el viaje de nuestra vida y viajamos a la selva amazónica, en Perú.

Para llegar allí, tomamos dos vuelos. Fue muy emocionante y agotador.

En el avión, me senté cerca de la ventana y tomé esta fotografía.

La cordillera de los Andes es la más larga del mundo. La montaña más alta de Sudamérica se encuentra en Argentina. En Perú, la montaña más alta se llama Huascarán. Alcanza los 6.768 metros de altura.

El primer día,
tomamos un
barco por el
río Amazonas
hasta nuestro
alojamiento.

El río Amazonas es el más largo y caudaloso del mundo y se encuentra en Sudamérica. Nace entre los nevados del Perú y recorre Colombia y Brasil antes de llegar al océano Atlántico.

Subimos a un pequeño barco de madera que estaba en una "cocha" a orillas del río. El viaje duró un par de horas.

A la mañana siguiente, nos levantamos temprano para ir a pescar pirañas y buscar delfines rosados de río.

Hay muchas especies de pirañas en el río Amazonas. La más común es la piraña de vientre rojo, que tiene la mandíbula más fuerte y los dientes más afilados de todas. Aunque las pirañas pueden atacar a las personas, es más probable que los humanos cacen pirañas para comer.

Atrapé una piraña y toqué sus dientes puntiagudos y afilados. Luego, la arrojé de nuevo al río.

En el camino de vuelta a nuestro alojamiento, una familia de delfines rosados rodeó nuestro barco.

Mamá dijo: "¡Qué emocionante!"

Los delfines del río Amazonas son los mayores delfines de agua dulce. Pueden llegar a medir hasta 2,7 metros de largo. Su cerebro es más grande que el de los humanos. Por desgracia, son una especie en peligro de extinción. A menudo son cazados como cebo para la pesca y están sufriendo debido a la contaminación ambiental.

Hay muchos mitos en torno a los delfines rosados de río. Algunos dicen que pueden transformarse en hombres. La población local llama a estas míticas criaturas "boto".

Al día siguiente, mamá y yo visitamos un santuario de monos.

He comprado una postal de un perezoso para enviársela a mi abuela.

Los perezosos viven en las selvas tropicales de América Central y del Sur. A veces pierden su hogar debido a la deforestación.

Un travieso mono se subió a mi hombro y luego sostuve una anaconda.

¡Fueron momentos increíbles!

En el santuario, también había una tortuga de río de aspecto extraño, un perezoso, serpientes y también algunos loros y tucanes.

La boa constrictora o anaconda verde
es una de las mayores serpientes del
mundo. No son venenosas, pero matan a
sus presas asfixiándolas o
arrastrándolas bajo el agua.

La anaconda no tiene ningún
depredador natural, excepto el hombre.
Se las mata por su piel o porque la
gente piensa que son peligrosas.

El tercer día de nuestro viaje, visitamos algunas aldeas tribales del Amazonas.

Visitamos la tribu Bora y la tribu Yagua. Viven en aldeas a lo largo del río.

Las tribus viven en comunidades de varias familias. Suelen ser los hombres los que llevan faldas hechas de la fibra de la palmera chambira.

Jugué al fútbol con algunos niños nativos del pueblo y más tarde compré una cerbatana como recuerdo.

Había muchos recuerdos que comprar a la gente local. Utilizan semillas para hacer bolsas, collares y pulseras. Hacen hamacas de ganchillo hechas con fibra de palmera. Lo que más me gustó fue esta cerbatana o 'pucuna'. Los miembros de la tribu local utilizan esta arma para cazar monos, puercoespines, perezosos y aves.

En nuestra última mañana en la selva amazónica, visitamos un salegar.

Al salir el sol, muchos pájaros de colores brillantes vinieron a lamer la sal. Vi pericos, guacamayos y loros.

¡Fue increíble!

Un salegar o 'collpa' es un acantilado de arcilla salada utilizado por los animales para complementar su dieta. Muchos animales utilizan las collpas para obtener nutrientes esenciales como el calcio, el magnesio, el sodio y el zinc.

Cuando volvimos a casa, elegí las mejores fotografías de mi viaje para colgarlas en la pared de mi habitación.

¡Recordaré este fantástico viaje toda mi vida!

Estas son dos de mis fotos favoritas. Elegí la fotografía del río Amazonas porque parece una anaconda y la del delfín rosado de río porque son extremadamente raros y están en peligro de extinción.